PIERRE
TEILHARD DE CHARDIN

VOM GLÜCK DES DASEINS

WALTER-VERLAG
OLTEN UND FREIBURG IM BREISGAU

DER TITEL DER ORIGINALAUSGABE LAUTET
«SUR LE BONHEUR»

DIE VOM FRANZÖSISCHEN HERAUSGEBERKOMITEE
VERANLASSTE UND GUTGEHEISSENE ÜBERSETZUNG
BESORGTE KARL SCHMITZ-MOORMANN

5. AUFLAGE 1985

HERSTELLUNG IN DEN GRAFISCHEN BETRIEBEN
DES WALTER-VERLAGS
PRINTED IN SWITZERLAND
ISBN 3-530-87380-2

INHALT

GEDANKEN ÜBER DAS GLÜCK

DREI TRAUUNGSANSPRACHEN

GEDANKEN ÜBER DAS GLÜCK

EINLEITUNG

Man erwartet eigentlich aus der Feder Pierre Teilhard de Chardins keine Äußerung über das Glück, über dieses dem Menschen immer wieder entgleitende, ihm in den Händen zerbrechende schillernde Etwas, dem er nachjagt. Teilhard, der selbst immer nach der Möglichkeit suchte, aus seiner Kenntnis der Vergangenheit des Menschen und aus seiner theologischen Erfahrung heraus dem modernen Menschen die Richtung der Zukunft anzugeben, hat eigentlich sehr wenig von einem Epikureer an sich, dem eine Rede über das Glück wohl anstünde.

Fast noch erstaunlicher ist der geschichtliche Ort dieser Rede Teilhards – denn um eine solche handelt es sich im wahrsten Sinne des Wortes –: auf dem Höhepunkt des letzten Weltkrieges in der chinesischen Hauptstadt unter japanischer Besatzung. In dieser Situation des Abgeschnittenseins von der Heimat, der Unsicherheit des Heute und der Ungewißheit der Zukunft stellt Teilhard die Frage nach dem Glück, die Frage, die von den Jahrhunderten vor ihm gestellt wurde und auf die immer neue, immer andere Antworten gegeben wurden. Wie leicht hätte sich dem Ordensmann Teilhard in dieser geschichtlichen Situation, als man ihn zu einem Vortrag über das Glück aufforderte, der Ausweg anbieten können, das Glück jenseits der Trübsale dieser Welt anzusiedeln oder das irdische Glück im Sich-Bescheiden gegründet sein zu lassen. Oder die Erfahrung des Ostens hätte ihn dahin führen können, den Traum des Nirwana als Ziel menschlichen Glückstrebens anzugeben. Wer das Werk Teilhards kennt, wird sich nicht wundern, daß seine Antwort auf die Frage nach dem Glück anders ausfällt, daß für ihn das Glück nicht als Besitz verfügbar werden kann, aber auch nicht erst jenseits dieser Welt als Versprechen erreichbar wird. Am ehesten wird man seine Antwort finden – ohne seinem Wort vorgreifen zu wollen – in einer Harmonie der Existenz des Menschen mit seiner Welt und, hierin wird Teilhard in seinem ihm eigensten Denken vernehmbar, mit einer Welt, die wird, nicht mit einer Welt, die ist. Das Glück liegt in der Erfahrung des Mitwirkens am Werden, das dem menschlichen Dasein aufgegeben ist. Das Glück Teilhards ist nicht erjagbar, es ist erfahrbar in der Verwirklichung des Daseins – oder müssen wir, um nicht in eine epikureische Vorstellung zu verfallen, nicht genauer sagen, in der Verwirklichung des Dawerdens? Die Antwort auf die Frage, was ist das Glück, wird so von Teilhard in ungewohnter und doch befreiender, beglückender Weise gegeben: es ist zu suchen in der Mitte menschlicher Existenz: doch diese Mitte ist kein ruhender Pol, sondern ein Werk, ein Tun, das einem Größeren gilt als ihm selbst: und man wird sagen dürfen, Teilhard hat diese Gedanken über das Glück nicht nur gedacht, nicht nur vorgetragen, sondern bis in die letzte Konsequenz gelebt: sein Leben galt immer in all seinem Tun der Verwirklichung des Morgen, der Verwirklichung eines Größeren als seiner selbst, dem seine Liebe zugewandt war und von dessen Liebe er sich gehalten wußte. So sind die Aussagen Teilhards über das Glück nicht nur theoretische Spekulationen, sondern das Zeugnis eines Mannes, der das Glück, das er beschreibt, selbst erfahren und gelebt hat, trotz aller Schwierigkeiten und bösen Erfahrungen seiner Existenz.

Karl Schmitz-Moormann

Ebenso wie in der Welt der mechanisierten Materie alle Körper den Gesetzen einer universellen Schwerkraft gehorchen, orientieren und verschieben sich in der Welt der belebten Materie alle organischen Wesen, selbst die niedrigsten, in die Richtung, die ihnen das meiste Wohlsein bringt.

Vom Glück zu sprechen, müßte also für einen Redner eine sehr leichte Aufgabe sein. Ist er, da er als Lebender zu Lebenden spricht, nicht gewiß, seine Worte an Überzeugte und Eingeweihte zu richten?

Doch in der tatsächlichen Erfahrung erweist sich die Aufgabe, die mir heute von Ihnen gestellt ist, als weit heikler und komplexer.

Wie alle anderen beseelten Wesen wünscht der Mensch ganz gewiß wesentlich glücklich zu sein. Doch nimmt dieses grundlegende Erfordernis bei ihm eine komplizierte und neue Gestalt an. Der Mensch ist nämlich nicht nur ein empfindsameres und tiefer schwingendes Lebewesen als die anderen. Auf Grund seiner «Hominisation» ist er ein reflektiertes und kritisches Lebewesen geworden. Doch dieses Geschenk der Reflexion bringt zwei zu fürchtende Eigenschaften mit sich, ich meine, die Wahrnehmung des Möglichen und die Wahrnehmung der Zukunft – ein doppeltes Vermögen, dessen Auftreten genügt, um in den bis dahin so kohärenten und klaren Aufstieg des Lebens Verwirrung und Auflösung zu bringen. Wahrnehmung des Möglichen und Wahrnehmung der Zukunft, sie beide verbinden sich, um sowohl unsere Ängste als auch unsere Hoffnungen unerschöpflich zu machen und in alle Richtungen zu zerstreuen... Dort, wo das Tier keine Schwierigkeiten zu finden scheint, unfehlbar in Richtung auf das voranzuschreiten, was es befriedigt, sieht der Mensch bei jedem Schritt und in jeder Richtung ein Problem, zu dem er, seitdem er Mensch ist, unaufhörlich erfolglos eine endgültige und universelle Lösung gesucht hat.

«*De vita beata*», wie schon die Alten sagten. Was ist das Glück?

Über dieses Thema gibt es eine endlose Reihe

von Büchern, Nachforschungen, individuellen und kollektiven Erfahrungen, die seit Jahrhunderten pathetisch einander folgen, ohne daß es ihnen gelänge, Einmütigkeit zu erzielen. Und letzten Endes lautet für viele von uns die praktische Schlußfolgerung aus all diesen Debatten, daß es vergeblich ist, weiter zu suchen. Entweder ist das Problem unlösbar: kein wahres Glück in dieser Welt. Oder aber es umgreift nur eine Unendlichkeit von Sonderlösungen – es ist unbestimmt. Glücklich sein: eine Frage des persönlichen Geschmacks. Ich meinerseits ziehe Automobile, Dichtung oder Wohltätigkeit vor. «Jedem sein Geschmack und jedem seine Chance», das haben Sie sicher oft sagen hören; und das meinen Sie vielleicht auch selbst in etwa.

Genau gegen diesen relativistischen und letzten Endes pessimistischen Skeptizismus unserer Zeitgenossen will ich heute abend angehen, indem ich Ihnen zeige, daß selbst für den Menschen die allgemeine Richtung des Glücks keineswegs so zweideutig ist, wie man behauptet –

allerdings unter der Voraussetzung, daß wir unter Beschränkung unserer Untersuchung auf die Suche nach den wesentlichen Freuden uns in unserem Suchen auf die Lehren der Naturwissenschaft und der Biologie aufstützen.
Da ich Ihnen leider nicht das Glück schenken kann, möchte ich Ihnen zumindest helfen, es zu finden!
Mein Exposé gliedert sich in zwei Teile:
In dem ersten, vor allem theoretischen Teil werden wir versuchen, den besten zum menschlichen Glück führenden Weg zu definieren.
Im zweiten, die Schlußfolgerung liefernden Teil werden wir uns fragen, wie wir unser individuelles Leben mit diesen allgemeinen Leitlinien der Beseligung in Einklang bringen können.

I. DIE THEORETISCHEN LEITLINIEN DES GLÜCKS

A. DER ANSATZ DES PROBLEMS: DREI VERSCHIEDENE HALTUNGEN ANGESICHTS DES LEBENS

Um besser zu begreifen, wie sich das Problem des Glücks uns stellt und weshalb wir dahin gelangt sind, angesichts dieses Problems zu zaudern, ist es unumgänglich, zunächst einmal einen Überblick zu gewinnen, das heißt, drei anfängliche grundlegende Haltungen zu unterscheiden, die von den Menschen angesichts des Lebens *tatsächlich* angenommen werden.

Wir wollen uns, wenn es Ihnen recht ist, von einem Vergleich leiten lassen.

Nehmen wir eine Gruppe von Ausflüglern an, die aufgebrochen sind, einen schwierigen Gipfel zu ersteigen; und schauen wir uns diese Gruppe einige Stunden nach dem Aufbruch an. Zu diesem Zeitpunkt kann man sich vorstellen, daß die Mannschaft sich in drei verschiedenartige Elemente aufteilen läßt. Die einen bedauern, die Herberge verlassen zu haben. Die

Müdigkeit, die Gefahren scheinen ihnen in keinem Verhältnis zu der Bedeutung eines Gelingens zu stehen. Sie entscheiden sich, zurückzukehren.

Die anderen ärgern sich nicht darüber, aufgebrochen zu sein. Die Sonne scheint, und die Aussicht ist schön. Doch weshalb noch höher steigen? Ist es nicht besser, das Gebirge dort zu genießen, wo man sich befindet, mitten auf der Wiese oder mitten im Wald? – Und sie legen sich ins Gras oder streifen durch die Umgebung, in der Erwartung der Stunde des Picknicks.

Andre schließlich, die wahren Alpinisten, wenden ihre Augen nicht von den Gipfeln, die zu erreichen sie sich geschworen haben. Sie brechen von neuem auf.

Müde – Genießer – Begeisterte.

Drei Menschentypen, die wir im Keim jeder in der Tiefe unserer selbst tragen – und in die faktisch seit je die Menschheit um uns herum zerfiel.

Die Müden (oder die Pessimisten)

Für diese erste Kategorie von Menschen ist die Existenz ein Irrtum oder eine Fehlleistung. Wir befinden uns auf einem falschen Wege – und folglich geht es darum, so geschickt wie möglich sich aus dem Spiel zurückzuziehen. – Bis zum äußersten vorangetrieben und in eine gelehrte Doktrin systematisiert, führt diese Einstellung zu der Hindu-Weisheit, für die das Universum eine Illusion und eine Verkettung ist – oder zu einem «Schopenhauerschen» Pessimismus. Doch in gemilderter und allgemeiner Gestalt zeigt und verrät sich dieselbe Disposition in einer Vielzahl praktischer Urteile, die sie gut kennen. «Was nützt es, zu suchen?... Weshalb nicht die Wilden ihren Untaten überlassen und die Unwissenden ihrer Unwissenheit? Wozu die Wissenschaft und wozu die Maschine? Ist es nicht besser, zu liegen, anstatt zu stehen? Tot zu sein, statt bettlägerig?»

All dies läuft darauf hinaus, zumindest implizite zu sagen, daß es besser ist, weniger zu sein als mehr zu sein – und daß es besser wäre, überhaupt nicht zu sein.

Als nächstes die Genießer

Für die Menschen dieser zweiten Gattung ist es gewiß besser, zu sein als nicht zu sein. Doch «sein», das ist wohl zu beachten, gewinnt einen ganz besonderen Sinn. Sein, leben, heißt für die Schüler dieser Schule nicht handeln, sondern sich vom gegenwärtigen Augenblick erfüllen lassen. Jeden Augenblick und alles eifersüchtig genießen, ohne irgend etwas verlorengehen zu lassen – und vor allem, ohne sich darum zu bemühen, auf eine höhere Ebene zu gelangen: darin besteht die Weisheit. Wenn die Übersättigung kommt, dreht man sich im Gras herum, man vertritt sich die Beine, man wechselt den Gesichtspunkt; und indem man das tut, wird man sich im übrigen auch nicht um das Vergnügen bringen, hinanzusteigen. Doch für die Zukunft und auf die Zukunft hin wagt man nichts – es sei denn, daß man sich in einem Übermaß des Raffinements daran berauscht, das Wagnis um seiner selbst willen zu genießen, sei es um das Beben des Wagens zu kosten oder um das Schaudern des Angsthabens zu verspüren.

So stellen wir uns in einer simplistischen Gestalt den alten heidnischen Hedonismus der Schule Epikurs vor. Dieser Rat war auf jeden Fall vor nicht allzulanger Zeit in den literarischen Zirkeln die Tendenz eines Paul Morand oder eines Montherlant – oder, in sehr viel subtilerer Weise, eines Gide (Gide der *Nourritures Terrestres*), für den das Ideal des Lebens heißt, zu trinken, ohne jemals den Durst zu löschen (oder vielmehr, ihn zu vermehren) – keineswegs mit dem Gedanken, wieder zu Kräften zu kommen, sondern mit der Sorge, bereit zu sein, sich immer begieriger über jede neue Quelle zu beugen.

Und schließlich die Begeisterten

Damit meine ich jene, für die Leben Aufstieg und Entdeckung bedeutet. Für die Menschen dieser dritten Kategorie ist es nicht nur besser, zu sein als nicht zu sein, vielmehr ist es immer möglich und als einziges bedeutsam, mehr zu werden. In den Augen dieser vom Abenteuer gepackten Eroberer ist das Sein unerschöpflich – nicht in der Gideschen Weise, wie ein Schmuckstück mit zahllosen Facetten, das man in alle Richtungen drehen kann, ohne seiner müde zu werden – sondern als ein Brennpunkt der Wärme und des Lichtes, dem man sich immer mehr nähern kann. – Man kann über diese Menschen spotten, sie als Naivlinge behandeln oder sie lästig finden. Doch unterdessen sind sie es, die uns gemacht haben, und aus ihnen will die Erde von morgen hervorgehen.

Pessimismus und Rückkehr in die Vergangenheit; Genießen des gegenwärtigen Augenblicks; Elan in die Zukunft. Drei grundlegende Haltungen, so sagte ich, angesichts des Lebens. Und das stellt uns folglich unvermeidlich wieder in die Mitte unseres Themas – drei einander entgegengesetzte Formen des Glücks stehen einander gegenüber.

Zunächst Glück der Ruhe. Kein Ärger, keine Risiken, keine Anstrengung. Verringern wir die Kontakte – schränken wir unsere Bedürfnisse ein – senken wir unsere Lichter – verhornen wir unsere Haut – ziehen wir uns in unsere Schale zurück. – Der glückliche Mensch ist jener, der weniger denkt, fühlt und wünscht.

Dann Glück des Vergnügens – unbewegliches Vergnügen, oder besser noch, unaufhörlich erneuertes Vergnügen. Das Ziel des Lebens heißt nicht Handeln und Schaffen, sondern Profitieren. Also wiederum das geringere Bemühen oder gerade eben das notwendige Bemühen, um das Glas und den Trank zu wechseln. Sich möglichst breitmachen, wie das Blatt in den Strahlen der Sonne – in jedem Augenblick die Position wechseln, um besser zu spüren: das ist das Rezept des Glücks. – Der glückliche Mensch ist jener, der den Augenblick, den er in Händen hält, am vollständigsten zu genießen weiß.

Schließlich Glück des Wachsens. Unter diesem dritten Gesichtspunkt existiert das Glück nicht, noch hat es einen Wert in sich selbst als ein Objekt, das wir an sich zu erstreben und zu erfassen vermöchten; vielmehr ist es nur das Zeichen, der Effekt und gewissermaßen die Belohnung des in angemessener Weise gelenkten Wirkens. «Ein Nebenprodukt des Bemühens» sagt Aldous Huxley einmal. Es reicht also nicht aus, wie der moderne Hedonismus nahelegen möchte, sich irgendwie zu erneuern, um glücklich zu sein. Keine Wandlung beseligt, es sei denn, sie vollziehe sich *im Aufstieg.* – Der glückliche Mensch ist also jener, der, um unmittelbar das Glück zu suchen, unausweichlich die Freude als Zugabe in dem Akt findet, in dem er voranschreitend zur Fülle und ans Ende seiner selbst gelangt.

Glück der Ruhe, Glück des Vergnügens, Glück der Entwicklung.

Auf der Stufe des Menschen zaudert das Leben, angesichts dieser drei Wegrichtungen, und in sie teilt sich sein Strom vor unseren Augen.

Sollte es wirklich als Motivation unserer Entscheidung, so wie man immer wieder sagt, nur

eine individuelle Vorliebe des Geschmacks oder des Temperaments geben?
Oder können wir irgendwo einen Grund, einen unbestreitbaren, weil objektiven Grund finden, zu entscheiden, daß einer der drei Wege absolut der bessere und folglich der einzige sei, der uns authentisch beglücken könne?

B. DIE ANTWORT DER TATSACHEN

Allgemeine Lösung: Auf dem Wege zum größten Bewußtsein

Ich bin meinerseits absolut davon überzeugt, daß es ein solches unbestreitbares und objektives Kriterium gibt – keineswegs ein geheimnisvolles und verborgenes, sondern ein vor aller Augen ausgebreitetes; und ich behaupte, um es wahrzunehmen genügt es, daß wir die Natur um uns herum im Lichte der jüngsten Eroberungen der Physik und der Biologie betrachten

– das heißt im Lichte unserer jüngsten Vorstellungen über das große Phänomen der Evolution.

Niemand, so wissen Sie, zweifelt heute ernstlich noch daran. Das Universum ist nicht «ontologisch» starr – vielmehr bewegt es sich seit immer schon in den Urtiefen seiner gesamten Masse, entsprechend zweier einander entgegengesetzter großer Strömungen: die eine reißt die Materie mit in Richtung der Zustände äußersten Zerfalls; die andere gelangt zum Aufbau organischer Einheiten, deren höhere astronomisch komplexe Typen das bilden, was wir «die lebende Welt» nennen.

Nachdem dies klargestellt ist, wollen wir insbesondere die zweite dieser Strömungen betrachten, nämlich die des Lebens, der wir angehören. Ein gutes Jahrhundert hindurch haben die Gelehrten, während sie durchaus die Wirklichkeit einer biologischen Evolution einräumten, darüber diskutiert, ob die Bewegung, die uns mitreißt, nur eine Art kreisförmig geschlossener Wirbel darstelle, oder aber, ob sie einer bestimmten Trift entspricht, die den beseelten Teil der Welt in Richtung eines bestimmten höheren Zustandes führt. Heute aber scheint entschieden nach fast einmütiger Ansicht die zweite dieser beiden Hypothesen der Wirklichkeit zu entsprechen. Das Leben kompliziert sich nicht ohne Gesetze und gewissermaßen nach dem Zufall. Vielmehr schreitet es, sowohl in seiner Gesamtheit wie auch im Detail der organischen Wesen genommen, methodisch, irreversibel in Richtung immer höherer Bewußtseinszustände voran. Und so ist das schließliche und noch ganz junge Auftreten des Menschen auf der Erde lediglich das ordentliche und logische Ergebnis eines von den Ursprüngen unseres Planeten an sich abzeichnenden Prozesses. Historisch ist das Leben (das heißt tatsächlich, das im aktivsten Teil seiner selbst begriffene Universum selbst) ein Aufstieg von Bewußtsein. – Bemerken Sie nicht unmittelbar die direkte Konsequenz dieses Satzes für unsere innere Einstellung und unser inneres Verhalten?

Wir schreiben, so sagte ich gerade eben, endlose Abhandlungen über die beste angesichts unseres Lebens einzunehmende Haltung. Doch gleichen wir nicht, da wir das tun, einem Reisenden, der, während er bereits in dem von Paris nach Marseille fahrenden Schnellzug sitzt, sich noch die Frage stellt, ob es besser sei, nach Norden oder nach Süden zu fahren? – Wir diskutieren: doch was hat das für einen Sinn, da die Entscheidung bereits außerhalb unserer selbst getroffen wurde und da wir bereits eingeschifft sind. Seit mehr als vierhundert Millionen Jahren strebt auf unserer Erde (es wäre genauer zu sagen: seit immer schon im Universum) die unermeßliche Masse der Seienden, zu der wir gehören, hartnäckig, unermüdlich empor zu mehr Freiheit, mehr Empfindsamkeit, mehr innerer Schau: und wir fragen uns noch, wohin wir gehen sollen?... Wahrlich, im Lichte der großen kosmischen Gesetze löst sich der Schatten der falschen Probleme auf. Wollen wir nicht in einen physischen Widerspruch geraten (das heißt, wollen wir nicht all das, was wir sind, und all das, was uns gemacht hat, leugnen), können wir nicht umhin, und zwar jeder im Namen aller, die ursprüngliche Entscheidung anzunehmen, die in der Welt impliziert ist, deren reflektierte Elemente wir sind. Zurückweichen, um weniger zu sein, stehenbleiben, um zu genießen: diese beiden Gesten, durch die wir versuchen könnten, gegen den Strom des universellen Flusses zu schwimmen, erscheinen als absurde Unmöglichkeiten.

So verschließen sich nach rechts und links die Wege, und nur der Weg nach vorn bleibt offen.

Wissenschaftlich und objektiv ist die einzige verwirklichbare Antwort auf die Anrufe des Lebens der Marsch des Fortschritts.

Und folglich ist ebenso wissenschaftlich und objektiv das einzige wahre Glück jenes, das wir das Glück des Wachsens oder der Bewegung genannt haben.

Wie – und mit der Welt – wollen wir also glücklich sein? Lassen wir die Müden und die

Pessimisten nach hinten zurückgleiten. Lassen wir die Genießer sich bürgerlich am Hügelhang ausstrecken. Und schließen wir uns ohne Zaudern der Gruppe jener an, die den Aufstieg bis zum letzten Gipfel wagen wollen. Vorwärts!...
Doch ist damit noch nicht alles getan, daß wir uns für den Aufstieg entschieden haben. Es kommt noch darauf an, daß wir uns nicht im Weg irren. Es ist recht gut, sich zu erheben, um aufzubrechen. Welches aber ist der rechte Weg, um den Gipfel in Freuden zu erreichen?
Auch hier wieder wollen wir, um auf festem Boden zu bleiben, die Schritte der Natur beobachten – befragen wir also die Wissenschaften vom Leben.

Detaillierte Lösung: Die drei Schritte der Personalisation

In der Welt, so sagte ich, erhebt sich das Leben zu immer mehr Bewußtsein bei immer größerer Komplexität – so, als ob die wachsende

Komplikation der Organismen zur Wirkung hätte, die Zentren ihres Seins zu vertiefen.

Wie aber vollzieht sich tatsächlich und im Detail dieser Marsch zu höherer Einheit?

Um der größeren Klarheit und Einfachheit willen wollen wir uns auf den Fall des Menschen beschränken – des Menschen, der das psychisch höchste und für uns auch das am besten bekannte unter allen Lebewesen ist.

Drei Phasen, drei Schritte, drei aufeinanderfolgende und miteinander verbundene Bewegungen sind bei näherer Prüfung im Prozeß unserer inneren Einswerdung, das heißt unserer Personalisation, erkennbar. Um ganz er selbst und lebendig zu sein, muß der Mensch: 1. sich in sich selbst zentrieren; 2. sich auf den «Anderen» dezentrieren; 3. sich in einen Größeren als er selbst überzentrieren.

Wir wollen, eine nach der anderen, diese drei Vorwärtsbewegungen definieren und erklären, denen (da das Glück, wie wir ja entschieden haben, ein Wachstumseffekt ist) notwendig drei Formen der Beglückung entsprechen müssen.

Zunächst die Zentration. – Nicht nur physisch sondern auch intellektuell und moralisch ist der Mensch nur Mensch unter der Bedingung, daß er sich geistig bildet. Und nicht nur bis zum Alter von zwanzig Jahren!... Um ganz wir selbst zu sein, müssen wir also unser ganzes Leben hindurch daran arbeiten, uns zu organisieren, das heißt immer mehr Ordnung, mehr Einheit in unsere Ideen, unsere Empfindungen, unser Verhalten zu bringen. Hierher gehört das ganze Programm, die ganze Bedeutung (aber auch das ganze Bemühen) des inneren Lebens mit seiner unvermeidlichen Trift zu immer geistigeren, zu immer höheren Gegenständen... Jeder von uns hat im Laufe dieser ersten Phase die allgemeine Mühsal des Lebens auf seine eigene Rechnung hin wieder aufzunehmen und zu wiederholen. Sein, das heißt zunächst sich schaffen und sich finden.

Dann die Dezentration. Die elementare Versuchung oder Illusion, die von Geburt an dem reflektierten Zentrum auflauert, das jeder von uns in der Tiefe seiner selbst birgt, wäre: sich vorzustellen, um zu wachsen, wäre es gut, sich in sich selbst zu isolieren und egoistisch für sich allein die eigenständige Arbeit seiner Vollendung zu verfolgen: sich von den anderen abzuschneiden und alles auf sich selbst zurückzuführen. Doch es gibt nicht nur einen einzigen Menschen auf der Erde. Es gibt im Gegenteil und es kann nur eine Milliarde zugleich geben. Das ist eine banale Tatsache. Und doch gewinnt sie, in die allgemeinen Perspektiven der Physik zurückversetzt, eine kapitale Bedeutung; denn sie bezeichnet ganz einfach, daß jeder Mensch, so individualisiert ihrer Natur nach auch die denkenden Wesen seien, lediglich ein Atom oder, wenn Sie es vorziehen, ein sehr großes Molekül neben allen anderen seinesgleichen darstellt, ein bestimmtes korpuskulares System, dem er sich nicht entziehen kann. Physisch, biologisch ist der Mensch, wie alles, was in der Natur existiert, wesentlich plural. Er entspricht einem «Phänomen der Masse». Das bedeutet in erster Annäherung, daß wir bis ans Ende unserer selbst nur voranschreiten können, ohne aus uns selbst herauszutreten, indem wir uns mit den anderen derart vereinen, daß wir durch diese Vereinigung ein Übermaß an Bewußtsein entwickeln – in Übereinstimmung mit dem großen Gesetz der Komplexität. – Von hierher erklärt sich all das Drängen und der tiefe Sinn für die Liebe, der uns in allen seinen Formen dahin drängt, unser individuelles Zentrum mit anderen ausgewählten und privilegierten Zentren zu verbinden – Liebe, deren Funktion und Zauber wesentlich darin besteht, uns zu vervollständigen.

Schließlich die Überzentration. – Und dies zu begreifen, ist, wenn auch weniger evident, eine absolute Notwendigkeit.

Damit wir in der Fülle wir selbst sein können, sagte ich, sind wir gezwungen, die Basis unseres Seins auszuweiten, das heißt uns «den anderen» anzuschließen. Ist aber einmal eine kleine Zahl privilegierter Zuneigungen begonnen, dann bleibt diese Expansionsbewegung nicht mehr stehen: vielmehr zieht sie uns Schritt um Schritt in Kreise mit immer größeren Radien.

Das wird ganz besonders deutlich in der Welt von heute. – Immer schon ist der Mensch sich gewiß verschwommen bewußt gewesen, einer einzigen großen Menschheit anzugehören. Jedoch erst für unsere modernen Generationen hat dieser verworrene soziale Sinn begonnen, seine wirkliche und vollständige Bedeutung zu gewinnen. Im Laufe der letzten zehn Jahrtausende (ein Zeitraum, während dessen die Zivilisation sich plötzlich beschleunigt hat) haben die Menschen sich, ohne viel darüber nachzudenken, den Kräften des Vielen überlassen, die tiefer sind als jeder Krieg und die sie nach und nach einander näherbrachten. Jetzt aber wollen sich unsere Augen öffnen; und wir beginnen zwei Dinge wahrzunehmen. Als erstes sehen wir, daß wir in der engen und unausweitbaren Form, welche die geschlossene Oberfläche der Erde bildet, unter dem Druck einer Bevölkerung und unter der Einwirkung der wirtschaftlichen Verbindungen, die sich unaufhörlich vermehren, bereits nichts anderes denn einen einzigen Leib bilden. Und als zweites sehen wir, daß in diesem Leib selbst, infolge der schrittweisen Aufrichtung eines einförmigen und universellen Systems der Industrie und der Wissenschaft, unser individuelles Denken dahin strebt, immer mehr als Zellen ein und desselben Gehirns zu funktionieren. – Was heißt das, wenn nicht, daß wir, da die Transformation ihrer natürlichen Linie weiter folgt, den Augenblick voraussehen können, wo die Menschen wissen werden, was es heißt, alle zusammen dasselbe zur gleichen Zeit wie mit einem einzigen Herzen zu begehren, zu erhoffen, zu lieben...

Die Menschheit von morgen – eine viel bewußtere, viel mächtigere, viel einmütigere «Supermenschheit» als die unsrige, geht aus dem Schoß der Zukunft hervor, sie gewinnt vor unseren Augen Gestalt. Und gleichzeitig (ich werde darauf zurückkommen) erwacht in der Tiefe unserer selbst das Gefühl, daß es, um an das Ende unserer selbst zu gelangen, nicht genügt, unsere Existenz mit einem Dutzend anderer Existenzen zu verbinden, die unter Tausenden uns umgebenden ausgewählt wurden – vielmehr müssen wir mit allen zugleich ein Ganzes bilden.

Was ist aus diesem doppelten äußeren und inneren Phänomen zu schließen, wenn nicht dies: das Leben verlangt von uns letzten Endes, daß wir, um zu sein, uns einer organisierten Totalität einverleiben und unterordnen, in bezug auf die wir kosmisch nur bewußte Partikeln sind. Ein Zentrum höherer Ordnung erwartet uns – es ist bereits im Erscheinen – nicht mehr nur neben uns, sondern *jenseits* und *oberhalb* unserer selbst.

Nicht mehr nur sich selbst entwickeln also – nicht einmal nur sich einem anderen sich selbst gleichen schenken –, vielmehr darüber hinaus sein Leben einem Größeren als man selbst unterwerfen und bringen.

Mit anderen Worten, zuerst sein. Dann lieben. Und schließlich anbeten.

Dies sind die natürlichen Phasen unserer Personalisation.

Drei ineinandergreifende Stufen, wie Sie sehen, in der Aufsteigebewegung des Lebens; und folglich auch drei sich aufschichtende Stufen des Glücks – wenn das Glück wirklich, wie wir erkannt haben, unauflöslich mit der Geste des Aufsteigens verbunden ist.

Glück des Wachsens – Glück des Liebens – und Glück des Anbetens.

Das ist in letzter Konsequenz die dreifache Seligkeit, die wir theoretisch im Ausgang von den Gesetzen des Lebens vorauszusehen vermögen.

Wie aber lautet in diesem Punkte der Spruch der Erfahrung?

Versuchen wir ein wenig, mit Hilfe direkter Messungen an den Fakten, die Richtigkeit unserer Deduktionen zu verifizieren.

Das Glück, in der Tiefe seiner selbst zu wachsen – an Kräften, an Empfindsamkeit, im Besitzen seiner selbst. Auch das Glück, sich miteinander zu verbinden, zwischen Körpern und Seelen, die geschaffen sind, einander zu ergänzen und sich zu vereinen.

Es ist unnütz, die Reinheit und Intensität dieser beiden ersten Formen der Freude weiter zu betonen. Alle Welt ist sich im Grunde darüber einig, sie zu feiern.

Doch das Glück, in der Zukunft in einem Größeren als man selbst einzutauchen und sich zu verlieren... Befinden wir uns hier nicht im Reiche der Spekulation oder des Traumes? – Sich über das freuen, was über uns hinaus geht, über das, was wir weder sehen noch berühren können... Wer denn, von einigen Schwarmgeistern abgesehen, kümmert sich um etwas Derartiges in der positivistischen und materialistischen Welt, in die wir eingetaucht sind!

Wer also kümmert sich darum?

Doch geben Sie sich nur etwas Rechenschaft von dem, was um uns herum geschieht!

Vor einigen Monaten beschrieb ich Ihnen, auf einer ähnlichen Zusammenkunft wie dieser, den Fall der beiden Curie – dieses Mannes und dieser Frau, deren Glück es war, sich in ein Abenteuer zu stürzen; die Entdeckung des Radiums, bei dem sie das Bewußtsein hatten, daß ihr Leben verlieren hieß, es gewinnen. Nun wohl, wie viele andere Menschen, wenn auch in bescheidener Weise oder unter anderen Umständen, sind nicht gestern und heute von dem Dämon der Forschung ergriffen worden und sind noch heute von ihm besessen, bis zum Tode? Versuchen Sie zu zählen.

Die der Arktis und der Antarktis: Nansen, André, Shackleton, Charcot und zahlreiche andere.

Die der hohen Berge: die Besteiger des Everest.

Die der gefährlichen Laboratorien: von den Strahlen oder den Substanzen, die sie handhabten, Getötete – an einer Verletzung Gestorbene...

Die der Eroberung des Luftraumes: eine Legion...

Die der Eroberung des Menschen durch den Menschen: all jene, die ihr Leben um einer Idee willen aufs Spiel setzen oder tatsächlich hingegeben haben.[1]

[1] «Sie wissen, daß mein Leben eine freudig und bewußt, ohne egoistische Hoffnung auf Belohnung der über dem Leben stehenden Macht dargebrachte Opfergabe ist.» (Rathenau)

Stellen Sie annähernd Ihre Rechnung auf. Und wenn Sie das getan haben, nehmen Sie, wenn es sie gibt, die Notizen oder die Briefe, die von diesen Menschen hinterlassen wurden, angefangen von den angesehensten unter ihnen (jene, von denen man spricht), bis hin zu den demütigsten (den Anonymen), wie den Postpiloten, die vor fünfundzwanzig Jahren, auf die Gefahr hin, daß einer nach dem anderen umkäme, dem Denken und den menschlichen Zuneigungen einen Luftweg durch Amerika bahnten. Was lesen Sie in diesen persönlichen Aussagen? – Die Freude, eine höhere und tiefe Freude – eine machtvolle Freude: die explosive Freude eines Lebens, das endlich seiner Ausdehnung einen *unendlichen* Raum gefunden hat.

Freude des Unendlichen – ich sage das bewußt. Im allgemeinen wird unser Glück dadurch unterhöhlt und vergiftet, daß wir den Grund, das Ende all dessen, was uns anzieht, so nahe spüren: Leiden der Trennung und des Verschleißes – Angst der Zeit, die vorübergeht – Schrecken vor der Gebrechlichkeit der besessenen Güter –

Enttäuschung, so schnell an das Ende dessen zu gelangen, was wir sind, und dessen, was wir lieben...

Für den, der in einem Ideal oder einem Anliegen das Geheimnis entdeckt hat, von nahem oder weitem an dem in Fortschritt befindlichen Universum mitzuwirken und sich mit ihm zu identifizieren, verschwinden all diese Schatten. Da sie auf die Freude des Seins und auf die Freude, zu lieben, zurückströmt, um sie auszuweiten und sie zu festigen, und keineswegs, um sie zu vermindern oder sie zu zerstören (Curie, Termier waren bewundernswerte Freunde, Väter und Gatten), bringt die Freude der Anbetung in ihrer Fülle einen wunderbaren Frieden mit sich. Der Gegenstand, der sie nährt, ist unerschöpflich, weil er Schritt um Schritt mit der Erfüllung selbst der Welt um uns herum zusammenfällt. Er entzieht sich, auf Grund eben dieser Tatsache, jeder Drohung des Todes und des Verfalles. Und schließlich ist er auf die eine oder andere Weise unaufhörlich in unserer Reichweite, da die beste Weise, wie wir ihn erreichen können, einfach darin besteht, auf bestmögliche Weise jeder an seinem Platz das zu tun, was wir vermögen.

Die Freude des Elements, das sich des Ganzen bewußt geworden ist, dem es dient und in dem es sich vollendet – die von dem reflektierten Atom aus dem Gefühl seiner Rolle und seiner Vervollständigung im Schoße des – es tragenden – Universums geschöpfte Freude: das ist theoretisch und praktisch die höchste und fortschrittlichste Gestalt des Glücks, die ich Ihnen vorzuschlagen und Ihnen zu wünschen vermag.

Lassen wir nunmehr die reine Theorie beiseite und wenden wir uns ihren Anwendungen in unserem individuellen Leben zu.

– Das wahre Glück, so haben wir eben gerade präzisiert, ist ein Glück des Wachsens – und als solches erwartet es uns in einer Richtung, die sich kennzeichnen läßt:

1. durch die Einweisung unserer selbst im Herzen unserer selbst;

2. durch die Vereinigung unseres Seins mit anderen Seienden, mit unseresgleichen;

3. durch die Unterordnung unseres Lebens unter ein größeres Leben als das unsere.

Was ergibt sich aus diesen Definitionen für unser alltägliches Verhalten? Wie müssen wir praktisch handeln, um glücklich zu sein?

Hier ist es mir, wohlgemerkt, lediglich möglich, äußerst allgemeine Richtungen Ihrer Wißbegier und Ihrem guten Willen anzugeben. Denn hier tauchen in legitimer Weise die vielfältigen Fragen des Geschmacks, der Chancen und des Temperaments auf. Das Leben baut sich seiner Natur und Struktur nach nur auf, es schreitet nur voran dank der unermeßlichen Mannigfaltigkeit seiner Elemente. Jeder von uns sieht und geht die Welt unter einem besonderen Winkel an, mit einem Vorrat an Vitalität und mit unmitteilbaren Nuancen der Vitalität (eine komplementäre Verschiedenheit, die, das sei nebenbei gesagt, den biologischen Wert der «Personalität» begründet). Jeder von uns ist damit der einzige, der letzten Endes für sich die Haltung, die unnachahmbare Geste zu entdekken vermag, die ihn in einem Höchstmaß zur Kohärenz, das heißt zu einem Zustand beglükkenden Friedens mit dem um ihn herum auf dem Wege seienden Universum bringt.

Unter diesen Vorbehalten lassen sich in Übereinstimmung mit den weiter oben entwickelten Perspektiven immerhin die drei folgenden Regeln des Glücks formulieren.

Um glücklich zu sein, muß man erstens gegen die Tendenz zur geringeren Anstrengung reagieren, die uns dahin drängt, entweder auf der Stelle stehenzubleiben oder aber vorzüglich in einer äußeren Betriebsamkeit die Erneuerung unseres Lebens zu suchen. In die reichen und greifbaren materiellen Wirklichkeiten, die uns umgeben, müssen wir gewiß tiefe Wurzeln hineinsenken. Doch in der Arbeit unserer inneren – intellektuellen, künstlerischen, sittlichen – Vervollkommnung erwartet uns letzten Endes das Glück. Das Wichtigste im Leben, so sagte Nansen, ist, sich selbst zu finden. Der mühsam durch die Materie hindurch und über sie hinaus erbaute Geist. – *Zentration.*

Um glücklich zu sein, müssen wir zweitens gegen den Egoismus reagieren, der uns dahin drängt, uns entweder in uns selbst zu verschließen, oder aber, die anderen unter unsere Herrschaft zu bringen. Es gibt eine – schlechte, unfruchtbare – Weise zu lieben, durch die wir versuchen, zu besitzen, anstatt uns zu schenken. Und hier taucht wiederum im Falle des Paares oder der Gruppe das Gesetz des größeren Bemühens auf, das bereits den inneren Lauf unserer Entwicklung regelte. Die einzige wahrhaft beglückende Liebe ist jene, die in einem gemeinsam verwirklichten geistigen Fortschritt ihren Ausdruck findet. – *Dezentration.*

Um glücklich zu sein – um drittens ganz glücklich zu sein – müssen wir auf die eine oder andere Weise unmittelbar oder mit Hilfe schrittweise ausgeweiteter Vermittler (einer Forschung, eines Unternehmens, einer Idee, eines Anliegens...) die endgültige Bedeutung unserer Existenz auf den Gang und den Erfolg der uns umgebenden Welt übertragen. Wie die Curies, wie Termier, wie Nansen, wie die ersten Flieger, wie alle Pioniere, von denen ich weiter oben sprach, müssen wir, um die Bereiche der großen beständigen Freuden zu erreichen, den Pol unserer Existenz in das hineintragen, was größer ist als wir. Das setzt nicht voraus, dessen möchte ich Sie versichern, daß wir, um glücklich zu sein, bemerkenswerte, außerordentliche Taten zu setzen hätten, sondern nur, was innerhalb der Reichweite von allen liegt, daß wir nämlich, da wir uns unserer lebendigen Solidarität mit einer großen Sache bewußt geworden sind, die geringsten Dinge in großer Weise leisten.

Einen einzigen Stich, so klein er auch sein mag, zu der großartigen Stickerei des Lebens hinzufügen; das Unermeßliche erkennen, das im Herzen und am Ziel unseres winzigen Tuns geschieht und uns anzieht; es erkennen und es bejahen: – das ist letzten Endes das große Geheimnis des Glücks. «In einer tiefen und instinktiven Vereinigung mit der totalen Strömung des Lebens liegt die größte aller Freuden», erkannte Bertrand Russell selbst an, einer der scharfsinnigsten und am wenigsten spiritualistischen Geister des modernen Englands. – *Überzentration.*

Doch, an diesen Punkt gelangt - das letzte Wort dessen, was ich Ihnen sagen kann –, lassen Sie mich an den Schluß eine Bemerkung setzen, die ich Ihnen schulde und die ich mir schulde, um ganz wahrhaftig zu sein.

Ich las kürzlich ein eigentümliches Buch[1], in dem der englische Schriftsteller und Philosoph Wells die von dem Amerikaner William Bur-

[1] Wells, Anatomy of Frustration.

rough Steele, einem Biologen und Geschäftsmann, hinterlassenen eigenständigen Anschauungen gerade eben über die Frage, die wir heute abend diskutierten, nämlich die des menschlichen Glücks, darlegt. Mit viel Grund und Nachdruck versucht Steele aufzuzeigen (gerade so, wie ich es hier getan habe), daß der Mensch, der das Glück nicht von irgendeiner Vorstellung der Unsterblichkeit zu trennen weiß, nur in vollem Maße glücklich sein kann, wenn er seine Interessen und seine Hoffnungen in die der Welt eintaucht und insbesondere in die der Menschheit. Und doch, so fügt er hinzu, bleibt diese Lösung, so wie sie ist, unvollständig. Denn letzten Endes muß man, um dahin zu gelangen, sich bis in die Tiefe seiner selbst hinzugeben, lieben können. Und wie soll man eine kollektive, unpersönliche – in gewisser Hinsicht ungeheuerliche – Wirklichkeit wie die der Welt oder selbst der Menschheit lieben!...

Der Einwand, den Steele in der Tiefe seines Herzens findet und auf den er nicht antwortet, ist schrecklich, grausam richtig. Ich würde also weder vollständig noch ehrlich sein, wenn ich Sie nicht darauf aufmerksam machte, daß die unleugbare Bewegung, die vor unseren Augen die menschliche Masse dahin bringt, sich in den Dienst des Fortschritts zu stellen, nicht «self-sufficient» ist; vielmehr verlangt dieser irdische Elan, zu dem ich Sie auffordere, damit er Bestand habe, daß er sich mit dem christlichen Elan syntonisiert und synthetisiert.

Um uns herum stürzen sich die Mystik der Forschung, die sozialen Mystiken mit einem bewundernswerten Glauben auf die Eroberung der Zukunft. Aber kein bestimmter Gipfel und, was noch schlimmer ist, kein *liebenswerter* Gegenstand bietet sich ihrer Anbetung an. Und deshalb sind im Grunde der Enthusiasmus und die Hingabebereitschaft, die sie wecken, hart, trocken, kalt, traurig, das heißt beunruhigend für den, der sie beobachtet, und letzten Endes für jene, die sich dazu erheben, nur unvollständig beglückend.

Daneben aber, und bisher am Rande dieser menschlichen Mystiken, trägt die christliche

Mystik unaufhörlich seit zweitausend Jahren ihre Perspektiven eines personalen Gottes immer weiter (ohne daß viele etwas davon ahnen), eines Gottes, der nicht nur Schöpfer, sondern auch Beseeler und Totalisator eines Universums ist, das Er durch das Zusammenspiel aller Kräfte, die wir unter dem Namen Evolution gruppieren, zu sich zurückführt. Unter dem beständigen Bemühen des christlichen Denkens konvergiert die beängstigende, gewaltige Größe der Welt Schritt um Schritt nach oben hin, bis sie sich in einem Zentrum liebender Energie verklärt!...

Wie soll man nicht bemerken, ich frage Sie, daß diese beiden machtvollen Ströme, in die sich derzeit die Stoßkraft der menschlichen religiösen Energien, die des menschlichen Fortschritts und die der großen Liebe, zerteilt, nur danach verlangen, sich zu vereinen und sich zu ergänzen?

Stellen wir uns einerseits vor, das jugendliche Aufquellen des menschlichen Strebens, das wunderbar durch unsere neuen Konzeptionen von der Zeit, dem Raum, der Materie und dem Leben angeschwollen ist, gehe in den Saft des Christlichen ein, um ihn zu bereichern und zu stimulieren. Und stellen wir uns zugleich andererseits vor, das so moderne Gesicht eines universellen Christus, wie es derzeit das christliche Bewußtsein herausarbeitet, fände seinen Platz, erscheine, erstrahle auf dem Gipfel unserer Fortschrittsträume derart, daß es sie präzisiere, sie humanisiere, sie personalisiere. Wäre das nicht eine Antwort, *die* vollständige Antwort auf die Schwierigkeiten, angesichts deren unser Tun zerflattert? Mangels der Infusion eines neuen materiellen Blutes läuft der christliche Spiritualismus Gefahr, zu verkümmern und sich in den Wolken zu verlieren. Und mangels der Infusion eines Prinzips universeller Liebe droht in noch viel gewisserer Weise der menschliche Sinn für den Fortschritt sich mit Abscheu von der erschreckenden kosmischen Maschine abzuwenden, in die er sich hineingenommen sieht.

Verbinden wir den Leib mit dem Kopf – die

Basis mit dem Gipfel; und plötzlich bricht eine Fülle hervor.

Wahrlich, die vollständige Lösung für das Problem des Glücks sehe ich in der Richtung eines christlichen Humanismus oder, wenn Sie es vorziehen, in Richtung eines superhumanen Christentums, im Schoße dessen jeder Mensch eines Tages begreifen wird, daß es ihm möglich ist, in jedem Augenblick und in jeder Situation nicht nur einem Universum zu dienen (das ist nicht genug), sondern in allen Dingen (den süßesten und den schönsten, wie den strengsten und den banalsten) ein in seiner Evolution mit Liebe aufgeladenes Universum innig zu lieben.

Vortrag vom 28. Dezember 1943, Peking.

DREI TRAUUNGSANSPRACHEN

ZU DEN TRAUUNGSANSPRACHEN

Einer der Tage, an denen man den Menschen beglückwünscht, der Tag, an dem wie an keinem anderen dem Menschen Glück gewünscht wird, ist der Tag seiner Hochzeit, wenn er sein Leben für immer an das seines zukünftigen Gefährten bindet.
Es ist also nicht unangemessen, wenn der allgemeinen Rede über das Glück von Pierre Teilhard de Chardin drei Ansprachen angefügt werden, die versuchen, dem Brautpaar dabei zu helfen, seinen Weg zu dem Glück zu finden, das Teilhard selbst als das einzige mögliche Glück erfahren hat. Für den Außenstehenden ist es vielleicht angebracht, knapp die persönlichen Beziehungen Teilhards zu den Brautleuten und, soweit möglich, deren eigenen Standort anzugeben.
Die erste *Ansprache gilt den Brautleuten Odette Bacot und Jean Teilhard d'Eyry, einem Cousin Teilhards. Der Vater Jeans war der General Georges Teilhard d'Eyry, der ebenso wie sein Sohn die «École Polytechnique», die berühmteste und exklusivste der «großen Schulen» Frankreichs, besucht hatte; die*

Zulassung zu dieser Schule, die über den Universitäten steht, ist nur mit einer Sonderprüfung möglich, und es besteht ein strenger Numerus clausus. Jean Teilhard d'Eyry war Ingenieur bei einer der bedeutendsten französischen Industriefirmen, der Air Liquide, und in dieser Eigenschaft hatte er vor allem in Indochina gearbeitet.

Die zweite Ansprache gilt den Eheleuten de la Goublaye-de Ménorval. Die Braut Eliane Basse de Ménorval, eine Mitarbeiterin im Laboratorium der Paläontologie, hat zusammen mit dem jüngeren Freund Teilhards, Professor Jean Piveteau, im Laboratorium Marcellin Boules gearbeitet. Sie begleitete Piveteau während seiner Forschungsreisen nach Madagaskar, die ihren Niederschlag in den Veröffentlichungen über die fossile Fauna und die geologischen Strukturen der Insel fanden. Teilhard wußte sich in dem tiefen Streben der Forschung einig mit den Brautleuten, und stärker als in der Ansprache für seinen Cousin vermag er hier die Welt seines Forschens, die er mit der Braut gemeinsam hat, als Ort des Glückes, aber auch des Durchgangs zu einer neuen Verwirklichung ins Spiel zu bringen bis hin zum Durchgang durch die Vereinigung selbst, die nicht bei sich stehenbleibt, sondern erst in der Leidenschaft für einen Größeren als man selbst sich zu vollenden vermag.

Die dritte *Ansprache gilt Christine Dresch und Claude-Marie Haardt. Der Bräutigam ist der Sohn des Leiters der Gelben Kreuzfahrt und der anderen Citroën-Expeditionen der zwanziger Jahre: Wagemutige Unternehmen voller Abenteuergeist, die Georges-Marie Haardt zur Erprobung der Fahrzeuge Citroëns und gleichzeitig zur Erforschung der Wüsten die Sahara und die Gobi durchqueren ließen. Die Gelbe Kreuzfahrt, an deren asiatischem Teil (der von Peking der in Syrien aufbrechenden Gruppe entgegenfuhr) Teilhard sich beteiligte, war das letzte Unternehmen dieser Art. Georges-Marie Haardt kehrte von dieser Reise quer durch China nicht nach Frankreich zurück. Kurz nach seiner Abreise von Peking starb er infolge einer akuten Infektion. Teilhard hatte der Witwe mit seinem Rat immer zur Verfügung gestanden und die Entwicklung des Sohnes seines Freundes aufmerksam verfolgt. So konnte er bei dessen Hochzeit mit wenigen*

Worten das Bild des toten Vaters erstehen lassen: des Mannes, der die Menschen auf Sternstraßen zu führen verstand.

Karl Schmitz-Moormann

TRAUUNG VON ODETTE BACOT UND JEAN TEILHARD D'EYRY

Liebe Braut, lieber Jean,

Da ich Euch beide hier für immer vereint sehe, kann ich nicht umhin (das ist eine alte Berufsgewohnheit), einen Blick zurück auf die beiden Wege zu werfen, die, nachdem sie so lange Zeit hindurch so unabhängig voneinander zu sein schienen, plötzlich konvergiert sind und die gleich hier ineinanderlaufen werden. Und es ist für Euch nicht erstaunlich, daß ich angesichts einer so unerwarteten und doch seit so langer Zeit vorbereiteten Begegnung mich wundere und freue wie angesichts eines schönen Gelingens des Lebens.

Dein Weg, Jean, hat sehr weit von hier unter den schweren tropischen Wolken bei den flachen Reisfeldern begonnen, die die blaue Silhouette des Caps Saint-Jacques abgrenzt. Es brauchte nicht weniger als diese kraftvolle Mischung der kalten Auvergne und des Fernen Ostens, um in Dir in würdiger Weise eine kühne und reisefreudige Mutter und auch diesen legendären «Onkel

Georges» weiterzuführen, dessen Gesicht ich noch als Kind voller Bewunderung in weiten Zeitabständen neben der Ahnin mit bereits weißen Haaren im etwas dunklen und halbchinesischen Salon der Rue Savaron betrachtete.

Der Tradition und der Geburt nach gehörst Du zu Asien. Und deshalb bist Du von Zeit zu Zeit zu ihm zurückgekehrt, um es zu atmen.

Wer aber kennt diese Reisen des Herzens und des Geistes? Du allein vermöchtest den Plan der Wegstrecken und der Umwege aufzuzeichnen, über die Dein Wesen gehen mußte, damit schließlich der Mann erscheine, der Du heute bist. In der Familie, in der Schule, überall, wie viele Einflüsse, wie viele Begegnungen, wie viele Verlockungen, wie viele Entscheidungen!... An welchem Netz dünner Fasern hängt doch unser Leben...

Schließlich bist Du durch das gleitende Labyrinth der Kräfte des Außen und des Innen jetzt dahin gelangt, Deine Seele zu entdecken. Wirst Du an diesem inneren (weit mehr als äußeren) Ort, an den Dich das Leben getragen hat, Dich nicht allein und gewissermaßen verirrt vorfinden? Auf den Wegen aus Stein und Erde drängen sich die Menschen und stehen in Tuchfühlung. Inmitten der Lüfte kommt es doch vor, daß ihre Flügel sich streifen. Doch ist nicht im tausendmal weiteren und komplizierteren Bereich des Geistes jeder von uns, je menschlicher (und folglich einziger) er ist, dazu verdammt, auf Grund eben seines Gelingens unendlich verloren umherzuirren? Du konntest befürchten, Jean, dort, wo so viele Zufälle Dein Boot hingetrieben hatten, würde Dir kein anderes Boot auf Grund eines noch größeren Zufalles begegnen.

Da aber, liebe Braut, sind Sie wie im Märchen, gerade in diesem Bereich der Seelen, wo es unmöglich schien, daß zwei Wesen sich wieder fänden, in Erscheinung getreten, als wäre das ganz natürlich. Unter einigen tausend Menschen ist die Begegnung zweier Blicke ein Zusammentreffen, das bereits seinen Wert hat. Was aber soll man sagen von der Begegnung zweier Geister!

Während Du, Jean, die lange Reise vollendetest, indem in Dir dieser wesentliche Grund alles Lebendigen reifte, der sein Vermögen ist, zu lieben, haben Sie, liebe Braut, entlang einer anderen Kurve, aber in einer wunderbar abgestimmten Annäherung einen Kreis um den anderen überschritten, deren Ankunft am Ziel wir heute hier erleben.

In Ihrer Familie blühten auch Sie auf einem in einer alten Provinz Frankreichs einwurzelnden Stamm auf – in der Touraine anstelle der Auvergne – eine etwas mehr lächelnde und sanftere Landschaft, und hinzu kam diese unersetzliche Vollendung, welche die Atmosphäre von Paris verleiht. Auch Sie haben von Kindheit an gelernt, die «Hochschule der Polytechnique» und die «Technische Wissenschaft der besten Waffen» zu verehren. Auch Sie fanden bei einer außergewöhnlichen Mutter, in einem Kreis von drei Kindern, in dem nicht einmal eine Jacqueline fehlte, die weit offene und kraftvoll christliche Erziehung, die Sie in so wunderbarer und harmonischer Weise hat aufblühen lassen. Und so stiegen Sie (erstaunliche Symmetrie der Schicksale!) Schritt um Schritt, ohne etwas davon zu ahnen, der Begegnung mit dem entgegen, der, ohne mehr darum zu wissen, sich Ihnen näherte.

Ich sprach eben von Märchen. Wer ist die Fee, die, ohne jemals ihren Faden zu zerreißen, das doppelte Netz Eurer Liebe, jedes für sich, so gewebt hat, daß Sie sich heute so vollkommen miteinander verbinden?

Sollte es allein der Zufall sein, der blindlings dieses Wunder bewirkt hat? Müssen wir uns wirklich damit zufriedengeben, zu glauben, der Wert der schönsten Dinge um uns herum habe einfach nur in dem Bestand, was an Unvorhergesehenem, Seltenem und folglich Zerbrechlichem im Zusammenströmen der Elemente zu finden ist, aus dem sie, so scheint uns, hervorgehen?

Es stimmt: die Welt gleicht an gewissen Tagen einem unermeßlichen Chaos. Ihre Verworrenheit ist groß – so groß, daß, betrachten wir uns selbst, wir angesichts unserer eigenen Existenz vom Schwindel ergriffen werden mögen. Ist es bei so vielen widerstreitenden Zufällen nicht unwahrscheinlich, daß wir vereint und lebendig sind – allein oder sogar mehr noch zu zweien vereint? Wir fragen uns dann, ob die wahre Weisheit nicht darin bestünde, die angebotene Gelegenheit, solange sie währt, zu halten und unmittelbar zu erschöpfen. Wäre es nicht Torheit, noch weiter auf die Zukunft zu setzen und uns in Richtung auf ein unwahrscheinlicheres, weil noch höheres Leben, zu bemühen? Jeden Tag meiner Existenz habe ich seit Jahren, Jean, aus der Notwendigkeit meiner Arbeit, angesichts der Unwahrscheinlichkeit der Erfolge des Lebens gelebt. Und hier wiederum zeigt sich meinen Augen wieder einmal mehr diese Unwahrscheinlichkeit in dem Schauspiel des Euch beiden eigenen Glücks.

Nun, da Du mich gebeten hast, heute zu Dir zu sprechen, laß mich Dir sagen, was nach einer langen Konfrontation mit der glänzenden Wirklichkeit der Welt meine liebste und tiefste Überzeugung ist. Ich bin zunächst wie jedermann von der Art Vorrang beeindruckt worden, den in den Ereignissen das Niedere und die Vergangenheit einnehmen. Und dann mußte ich, wenn ich noch weiter in mir und um mich herum noch etwas begreifen wollte, die Perspektive umkehren, alles Überragen der Zukunft und dem Größeren zuerkennen.

Nein, das Universum um uns herum hat nicht, das glaube ich, seine Konsistenz in der scheinbaren Festigkeit der kurzlebigen Materialien, aus denen sich die Körper aufbauen. Vielmehr ist es die Flamme der Organisation, die vom Ursprung an durch die Welt hindurch geht und sich in ihr ausbreitet. Ihr ganzes Gewicht verlegt die Welt auf ein vor ihr liegendes Zentrum. Weit davon entfernt, gebrechlich und akzidentell zu sein, sind es gerade die Seelen, die Verbindungen der Seelen, die Kräfte der Seelen, die allein unfehlbar voranschreiten und allein dauern müssen. Das Unwägbare in der Welt ist mehr als das, was wir in ihr berühren.

Was von den Menschen ausstrahlt, ist besser als ihre Liebkosungen.

Was noch nicht angekommen ist, ist wertvoller als das, was bereits geboren ist. Deshalb will ich Dir – deshalb will ich Euch – in diesem Augenblick ein Wort sagen, nämlich dieses:
Wenn Ihr, Ihr beide, dem Anruf (sagen wir besser: der Gnade) entsprechen wollt, den das beseelte Leben durch Gott heute an Euch richtet, dann stützt Euch ohne zu zweifeln, ohne zu zaudern, auf die greifbare Materie, findet in ihr einen unentbehrlichen Halt; doch glaubt, durch sie hindurch, über sie hinaus an den ungreifbaren Halt.
Glaubt an den Geist hinter Euch, das heißt an die lange Folge der der Eurigen gleichen Vereinigungen, die von Zeitalter zu Zeitalter einen Schatz an Gesundheit, Weisheit und Freiheit aufgehäuft haben, um ihn Euch zu übergeben. Dieser Schatz wird heute in Eure Hände gelegt. Erinnert Euch daran, daß Ihr vor Gott und dem Universum dafür die Verantwortung tragt.
Glaubt weiter an den Geist, der vor Euch liegt. Die Schöpfung bleibt niemals stehen. Das Leben will durch Euch beide hindurch weiterge-

führt werden. Eure Vereinigung sei also keine geschlossene Umarmung; vielmehr verwirkliche sie sich in der tausendmal mehr als alle Ruhe vereinigenden Geste des Bemühens in Richtung auf ein und dasselbe immer größere, leidenschaftlich geliebte Ziel.

Glaubt dann (und dieses Wort faßt alle anderen zusammen) an den Geist zwischen Euch. Der eine und der andere habt Ihr Euch als ein unendliches Feld des Begreifens, der Bereicherung, der wechselseitigen Sensibilisierung angeboten. Ein Durchdringen und ein beständiger Austausch des Denkens, der Zuneigungen, der Träume, des Gebetes wird also vor allem der Ort Eurer Begegnung sein. Dort allein, das wißt Ihr, in dem Geist durch das Fleisch hindurch gibt es weder Überdruß, noch Enttäuschungen, noch Grenzen. Dort allein ist für Eure Liebe freier Himmel, das große offene Tor.

Spürt Ihr nicht diesen Geist, zu dem ich Euch einlade, in diesem Augenblick nun über Euch konzentriert, als Euch umgebende Spannung?

Die vereinte Liebe von so vielen versammelten Verwandten und Freunden, so warmes und reines Verlangen, das durch ein subtiles Milieu von der Auvergne, der Touraine oder dem Poitou und auch der Côte d'Argent hierher mitgebracht wurde; Segnungen, die jene schickten, die wir nicht mehr sehen; über allem die unermeßliche Zärtlichkeit dessen, der in Eurem Paar sich ein wertvolles Glied wieder mehr in der Kette seines großen Werkes der *Unio creatrix,* der schöpferischen Vereinigung, schließen sieht.

Gewiß, weit mehr als der äußere materielle Prunk, der Euch feiert und umgibt, erfüllen die angehäuften Kräfte eines unsichtbaren Wohlwollens diese Kirche.

Möge dieses geistige Feuer auf Eure entstehende Liebe herabsteigen und sie für das ewige Leben bewahren. Amen.

14. Juni 1928

TRAUUNG VON MONSIEUR ET MADAME DE LA GOUBLAYE-DE MÉNORVAL

Liebe Brautleute,
In diesem Augenblick, da sich in dieser Kapelle Eure beiden Leben verbunden haben, weiß ich nichts Geeigneteres noch Wertvolleres Ihnen anzubieten denn ein Lob der Einheit.
Einheit: ein abstrakter Ausdruck, vielleicht, bei dem sich die Philosophen wohl fühlen: jedoch eine ganz konkrete Eigenschaft vor allem, mit der wir alle unsere Werke und die Welt um uns herum zu schmücken träumen. Über die offensichtliche Zerstreuung der materiellen Elemente, über die launischen Bewegungen der Natur, über die Unregelmäßigkeit der Farben und Töne, über die Gärung der menschlichen Massen, über die Undiszipliniertheit und die Schwankungen unseres Strebens und unseres Denkens – worum bemühen wir uns in unserem besten Tun, wenn nicht darum, überall etwas mehr Einheit zur Herrschaft zu bringen. – Wissenschaft, Kunst, Politik, Moral, Denken, Mystik: alles verschiedene Formen ein und des-

selben Bemühens um Harmonisation, in dem sich durch unser menschliches Wirken hindurch das Schicksal und gewissermaßen die Essenz des Universums aussagt. Glück, Macht, Reichtum, Weisheit, Heiligkeit, alles Synonyme eines Sieges über die Vielheit. – In der Tiefe eines jeden Seins träumt die Schöpfung von dem Prinzip, das eines Tages ihre zerstreuten Schätze organisieren wird. Gott ist Einheit.
Durch welche Geste aber diese göttliche Einheit erstreben und erreichen?
Sollte das zufällig dadurch geschehen, daß wir uns im Herzen unserer kleinen Welt als ausschließliches Zentrum der Herrschaft und des Genießens aufrichteten? Besteht unser Glück darin, alles übrige soweit wie möglich zu uns selbst zurückzubringen? Sollten wir unter der Bedingung glücklich sein, daß wir jeder selbst für uns unser kleiner Gott würden?
Ihre doppelte Gegenwart an diesem Ort, liebe Brautleute, beweist, wie sehr diese Illusion des Egoismus weit an Ihnen vorbeigegangen ist. Die geschlossene Konzentration des Elements in

sich selbst (eines der schädlichsten Wahnbilder, denen das Leben begegnet, da es zur Intelligenz erwacht) hat sie nicht verführt. In jedem von Ihnen, das haben Sie begriffen, hat das Sein nicht seinen endgültigen Pol: vielmehr stellt es eine zu höheren Synthesen bestimmte Partikel dar. Nicht die Einheit der Isolierung – sagt uns Ihr Beispiel –, sondern die Einheit der Vereinigung.

Sie haben sich für die Einheit der Vereinigung entschieden. Und Sie haben sich gut entschieden. Wie aber kann diese Einheit gerade eben ihre Vollendung in Ihnen beiden erreichen, diese höhere, den Elementen versprochene Einheit, die sich innerhalb eines gemeinsamen Prinzipes, das sie versammelt, erstreben? In welcher Weise werden Sie wahrhaft mehr eins sein, indem Sie zwei sind? – An dieser Stelle, da ich genau zu dem Punkt komme, den diese kurze Ansprache darlegen möchte, antworte ich Ihnen: Indem Sie niemals das Bemühen verlangsamen, mehr Sie selbst zu werden, indem Sie sich hingeben.

Die Vereinigung kann, auf Grund der Fülle, die

sie bringt, die Erscheinungsformen eines Zieles oder einer Ruhe annehmen. In Wirklichkeit hat nichts mehr als sie an der unaufhörlich fortschreitenden Natur des Lebens Anteil. – Damit sie sich nehmen können, müssen die Elemente zunächst lange Zeit in sich selbst die komplementären Werte vorbereiten, die sie zu verbinden vermögen. Und dann, wenn sie sich schließlich begegnet sind, können sie sich nur erreichen, indem sie sich immer weiter auf der Linie ihrer eigenen Vollendung vorantragen. – Die wahre Vereinigung differenziert in eben dem Maße, wie sie annähert. Sie ist eine unaufhörliche Entdeckung und eine beständige Eroberung.

Ich möchte gerne, liebe Brautleute, in diesen etwas lastenden Formulierungen die Erklärung ihrer Vergangenheit und die ihrer Zukunft vorbehaltenen Verheißungen suchen.

Ihre Vergangenheit...

Wenn ich Sie, liebe Braut, im Festschmuck betrachte, könnte es sein, daß wir, Ihre Freunde, die Sie so oft über Steine und über Karten gebeugt sahen – wir, die wir Ihnen in Gedanken bei gefährlichen und weiten Expeditionen gefolgt sind, das verschwommene Gefühl haben, daß Ihr Leben einen neuen Weg eingeschlagen hat und daß Sie eine andere Frau geworden sind. «Was nützt es, dieses erobert zu haben, um letzten Endes das zu wählen?...» «Wozu dieses?» müssen wir antworten, «aber gerade eben um jenes vorzubereiten.» – Nein, bedauern Sie es niemals, liebe Braut (wenn Sie, was ich schon für unmöglich halte, dazu versucht wären), bedauern Sie niemals die langen Stunden des Laboratoriums, die langsame Abfassung der großen Abhandlungen, die schwierigen Durchquerungen des Busches auf Madagaskar. Haben Sie im Laufe dieser Abenteuer des Geistes und des Leibes nicht gerade eben in sich diese vollkommene Weggefährtin dessen vorbereitet, der seinerseits auch, ist es nicht wahr, lieber Bräutigam, zu dem Geschlecht der Arbeiter und der Erforscher der Erde gehört? Das Leben hat, liebe Braut, Millionen von Jahren gebraucht, um unter dem schöpferischen Wirken das Herz und die Intelligenz herauszubilden, die Ihre Mutter Ihnen weitergegeben hat. Es brauchte weiter noch all diese Mühe und all diese Wagnisse Ihrer ersten Jugend, um in Ihnen ein Wesen zu vollenden, das fähig ist, sich hinzugeben.

Und jetzt, so sage ich, erwartet dasselbe Gesetz, das wollte, daß Sie sich, einer wie der andere, jeder für sich für die Vereinigung vorbereitete, weiter von Ihnen, daß Sie einander, einer durch den anderen, in der Vereinigung vollenden. – Wie wird diese niemals abgeschlossene Geschichte ihrer wechselseitigen Eroberungen weitergehen? Gott allein weiß es, der Sie segnen wird. Ich aber darf Sie im Namen der ganzen menschlichen Erfahrung versichern, daß Ihr Glück von dem Feld abhängt, das Sie Ihren Hoffnungen geben werden. Eine eng in sich selbst geschlossene Zuneigung erstickt den Leib und den Geist. Um die beständigen, der Fruchtbarkeit ihrer Vereinigung notwendigen Fortschritte zu gewährleisten, müssen Sie die Horizonte noch ausweiten, in denen Sie groß geworden sind. Sie werden nur glücklich sein, wie unsere Gebete und unsere Wünsche es verlangen, wenn Ihrer beider Leben einander begegnen und sich ausbreiten, wagemutig in die Zukunft ausgestreckt, in der Leidenschaft für einen Größeren als Sie selbst.

15. Juni 1935

TRAUUNG VON CHRISTINE DRESCH UND CLAUDE-MARIE HAARDT

Liebe Christine,
lieber Claude,
Ganz entschieden ist das Leben voll von eigentümlichen Zusammentreffen und vielleicht von geheimnisvollen Absichten... Wer hätte nahe dem Weihnachtsfeste 1932, als ich mit Georges-Marie Haardt die Wüsten Zentralasiens durchquerte, zu sagen gewagt, daß ich sechzehn Jahre später an Euch diese Worte richten würde, in dem Augenblick, da Ihr Eurerseits in ein anderes großes Abenteuer hineingeht: das Abenteuer der Vereinigung Eurer beider Leben. – Und da das Zusammentreffen wahrscheinlich eine Geheimabsicht des Schicksals verbirgt, weshalb sollte es da nicht diese Absicht der Dinge (oder der Vorsehung) sein, daß ich Euch beiden – und ganz besonders Ihnen, lieber Claude – in Gegenwart der Mutter, der Sie so viel verdanken – die Mahnung, den Leitsatz übermittle, die der große Menschenführer und der große Weltenfahrer, der Ihr Vater gewesen

ist, uns entlang all den Straßen Asiens durch sein Beispiel unaufhörlich zugesprochen hat: «Blickt immer steil empor nach vorn!»
Die Durchquerung der Sahara, Afrikas, Chinas: diese verschiedenen Unternehmungen hatten (wie jede lebendige Wirklichkeit) ihren festen materiellen Unterbau. Jede von ihnen strebte ein bestimmtes und sorgfältig berechnetes Ergebnis an. Und doch, über jedes wirtschaftliche Ziel hinaus fuhr die Flottille der Lastwagen und Kettenfahrzeuge über die Wogen des Sandes unter der Führung ihres Chefs immer in Richtung einer Art vorausgeahnten Traumes. Für alle jene, die die Ehre gehabt haben, daran teilzunehmen, waren diese Kreuzfahrten immer ein wenig, werden sie immer in ihrer Erinnerung eine Art von Marsch zu den Sternen bleiben...

Liebe Christine,
lieber Claude,
Da Ihr in einem anderen Bereich, aber in demselben Geiste die Geste des Vaters wiederholt,

tretet Eurerseits in das Leben ein, die Füße fest auf dem Boden, die Augen aber auf das gerichtet, was größer und schöner ist als Ihr selbst. Die Versuchung und die Sterilisation der Liebe, das wißt Ihr, ist die Ruhe im Besitz – der Egoismus zu zweien. Damit Ihr einander findet, damit Ihr Euch wahrhaft verbindet, sucht keinen anderen Weg als den einer starken Leidenschaft für ein gemeinsames Ideal. Zwischen Euch beiden (in diesem Punkte legt die Struktur selbst der Welt Euch ein nicht zu zerbrechendes Gesetz auf) – zwischen Euch beiden, so sage ich, ist keine schöne Vereinigung möglich, wenn nicht in einem höheren Zentrum, das Euch sammelt. Möge dieses Zentrum bald das Kind sein!

Möge dieses Zentrum auf jeden Fall das Streben und die Freude sein, Euch immer mehr einander im Herzen und im Geiste zu entdecken und zu ergänzen!

Und möge dieses Zentrum vor allem auf die eine oder andere Weise (entsprechend Eurer eigenen Weise) der Gott sein, vor dem und in dem Ihr in einem Augenblick und für immer Eure beiden Existenzen verbinden werdet; – Gott, das einzige endgültige Zentrum des Universums; – Gott, nicht konventionell und fern: sondern Gott so, wie er sich unmittelbar Euch bekunden muß und will, wenn Ihr nur bis ans Ende der inneren Kraft gehorcht, die in diesem Augenblick wirkt, um Euch einander näherzubringen.

21. Dezember 1948